BIZKAIA

A Amaia, que ha convivido algunas de mis emociones pero se ha perdido otras tantas que seguro aprenderá a recuperar sin necesidad de imperdibles ni cadenas.

Amaiari, nire zirrara batzuen bizikide izan delako, eta beste batzuk galdu bazaizkio ere, kateorratzik edo katerik gabe berreskuratzen ikasiko duelako.

À Amaia, qui a partagé certaines de mes é motions mais qui en a manqué bien d'autres, et qui apprendra sans aucun doute à les retrouver sans épingles à nourrice ni chaînes.

To Amaia, who has lived with some of my emotions but missed at least as many. No doubt she will learn to recover them without needing safety pins or chains.

Santiago Yaniz Aramendia, 2006

© **Sua Edizioak**
Epalza 8, 4°- 48007 Bilbao
Tel. 94 416 94 30 - Fax. 94 416 69 76
Email: sua@sua-edizioak.com
www.sua-edizioak.com

© **Argazkiak/Fotografías/Photographe/Photographer:** Santiago Yaniz

Diseinua eta maketazioa/Diseño y maquetación/Conception et maquettage/Concept and layout: Saioa Belar & Aurkene Etxebarria
Fotomekanika/Fotomecánica/Photomécanique/Photomechanics: Zyma
Imprimatzailea/Imprenta/Impression/Printing: G.Z. Printek
Itzulpenak/Tradduciones/Traduction/Translation: PUNTO. MAS

ISBN: 84-8216-219-5
Lege Gordailua/Depósito legal/Dépôt légal/Legal Deposit: BI 966-06

Apirila 2006

LOS 100 PAISAJES

BIZKAIA

Santiago Yaniz

sua
edizioak

100 Landscapes   EHUN PAISAIA   100 Paysages

BIZKAIA

Zirrara eta oroitzapena

Urte-mordoa, hogeitik gora urte, argizko txokoaren edota begirada biziaren bila, paisaian marrazkia aurkitzen nahiz hodeiertz esanguratsua xerkatzen. Horiek guztiak, urtaro bakoitzaren joan-etorrian izandako zirrarez josiak, hain zuzen, bisoretik harako aldiune liluragarriak argitzea ahalbidetu duten horiez. Bitartxo horien alderik ederrena, kolorez zipriztindutako orrialde horietan datza.

Lurralde bakoitzak badu aurkitu beharreko aiurria, iraunkor bezain iragankorra. Kalezuloen eta teilatuen artean eta basoaren, mendien, itsasoaren edota ur lasterren atzean daude Euskal Herria izeneko herrialde atsegin honetako puskak. Haietako batzuek luzaroan diraute; beste batzuk, ordea, ihesi dihoazkigu, gizakiok, ukitzen dugun guztia aldatzeko dugun gogopean. Hain agudo iragaten da bizitza, ezen zenbait irudi usu bilakatzen baitira oroitzapen. Horregatik, liburu honetan, oroitzapen besterik izango ez diren adierazpenak aurkituko dituzu agian, baita paisaiak ere, zeren eta egun ezinezko paisaiak badira ere, hemen eskaini nahi izan ditugun, gure zentzumenetan betiko iraun dezaten.

Emoción y memoria

Muchos años, pasan de una veintena, persiguiendo y buscando un rincón de luz, una mirada luminosa, un dibujo en el paisaje o un horizonte emblemático. Todos cargados de emociones sentidas al paso de cada estación que ha permitido desentrañar instantes mágicos al otro lado del visor. Lo más bello de esos momentos está en estas páginas salpicado de colores.

En cada territorio hay un alma para encontrar, permanente y efímera al mismo tiempo. Entre callejuelas y tejados, tras el bosque, las montañas, el mar o las aguas que corren están todos los trozos de este país amable que es Euskal Herria.

Algunos perduran pero otros se escapan bajo el empeño que nos acompaña de transformar todo lo que tocamos. Tan deprisa corre la vida que algunas imágenes se convierten rápidamente en memoria. Por eso quizás encontrarás en este libro testimonios que sólo serán ya recuerdo, paisajes que aunque ya son imposibles hemos querido ofrecer para que perduren en nuestros sentidos.

Emotions and Memory

It has been many years, more than twenty, in pursuit of a trace of light, a bright gaze, a pattern in a landscape or an emblematic horizon. Things charged with emotions felt with the passing of the seasons, allowing me to decipher magical moments on the other side of the viewfinder. These pages full of splashes of colour show the best of those moments.

There is a soul to be found in every territory, at the same time permanent and ephemeral. All the pieces of our pleasant Basque Country lie among its narrow streets and rooftops, beyond its forests and mountains, its sea and running water. Some remain and other escape under our effort to transform everything we touch. Life goes by so quickly that some pictures almost instantly become a remembrance. Thus, in this book you may find testimonies that are now only a memory, impossible landscapes that we wish to offer you so they will live on in our senses.

Emotions et souvenirs

De longues années, plus de vingt ans déjà consacrés à la recherche, à la poursuite d'un recoin de lumière, d'un regard lumineux, d'un dessin dans le paysage ou d'un horizon allégorique. Chacun d'entre eux chargé d'émotions vécues au fil des saisons ayant permis de dévoiler des instants magiques de l'autre côté de l'objectif. Toute la beauté de ces instants se trouve dans ces pages, éclaboussée de couleurs.

Tout territoire possède une âme qu'il faut savoir trouver, à la fois constante et éphémère. C'est parmi les ruelles et entre les toits, derrière les bois, les montagnes, la mer ou les eaux qui courent que se trouvent les éclats de cet aimable pays qu'est Euskal Herria. Certains perdurent mais d'autres s'effacent avec l'acharnement de tout un chacun à transformer ce qu'il touche. La vie passe si vite que certaines images se transforment immédiatement en souvenirs. C'est pour cette raison que vous pourrez trouver dans ce livre des témoignages qui ne sont plus que des souvenirs, des paysages perdus à jamais que nous avons voulu vous offrir pour qu'ils perdurent dans les esprits.

Santiago Yaniz Aramendia, 2006

Atxak en Itxina, nevado • ATXAK ITXINA ELURTUAN
Les Atxak sur l'Itxina enneigé • Atxak in Itxina, covered in snow

Mugarra nevado • MUGARRA ELURTUA
Le Mugarra enneigé • Mugarra covered in snow

Puente de Anuntzibai. Orozko • ANUNTZIBAI ZUBIA. OROZKO
Le pont d'Anuntzibai. Orozko • Anuntzibai Bridge. Orozko

Cabo de Ogoño • OGOÑO LURMUTURRA
Le Cap d'Ogoño • Cape Ogoño

Caseríos de Mañaria y Mugarra
MAÑARIAKO BASERRIAK ETA MUGARRA ▶
Fermes à Mañaria et Mugarra
The Mañaria and Mugarra farmhouses

Murallas de Alluitz • ALLUITZ MENDIKO HARRESIAK
Les murailles d'Alluitz • Alluitz mountain walls

Rebaño en el valle de Atxondo • ARTALDEA ATXONDOKO BAILARAN
Un troupeau dans la vallée d'Atxondo • Sheep in the Atxondo Valley

Ascensión al Gorbeia con nieve • Gorbeiarako igoera elurretan
Ascension du Gorbeia sous la neige • Climbing Gorbeia in the snow

Circo de Delika • DELIKAKO ZIRKUA
Le cirque de Delika • Delika cirque

Playa de Ogeia • Ogeia hondartza
La plage d'Ogeia • Ogeia beach

Faro de Matxitxako • MATXITXAKOKO ITSASARGIA
Le phare de Matxitxako • The Matxitxako lighthouse

Puente Bizkaia
▲ ZUBI ESEKIA. BIZKAIA ZUBIA
Le pont Bizkaia
The Bizkaia bridge

Bosque animado de Oma
OMAKO BASO BIZIDUNA ▶
La forêt enchantée d'Oma
Enchanted Wood of Oma

Caseríos de Gatika • GATIKAKO BASERRIAK
Fermes à Gatika • Gatika farmhouses

Vista del Abra y puerto de Bilbao. Santurtzi • ABRAREN ETA BILBOKO PORTUAREN IKUSPEGIA. SANTURTZI
Vue sur l'Abra et le port de Bilbao. Santurtzi • A view of Abra and the port of Bilbao. Santurtzi

Muelle de Zorrozaurre • ZORROZAURREKO KAIA
Le quai de Zorrozaurre • Zorrozaurre wharf

Playa de Atxibiribil. Sopela • ATXIBIRIBIL HONDARTZA. SOPELA
La plage d'Atxibiribil. Sopela • Atxibiribil Beach. Sopela

Entrada a puerto de Ondarroa • ITSASONTZIA ITSASOAN BARRENA. ONDARROA
Bateau sur la mer, Ondarroa • A ship at sea, Ondarroa

Udalatx y Aralar desde Axtxiki. P.N. Urkiola • Udalatx eta Aralar, Axtxikitik. Urkiolako Parke Naturala
L'Udalatx et l'Aralar depuis l'Axtxiki. Parc Naturel d'Urkiola • Udalatx and Aralar, viewed from Axtxiki. Urkiola Nature Reser

Iglesia de San Antón. Bilbao • San Antón eliza. Bilbao
L'église de San Antón. Bilbao • San Antón Church. Bilbao

Puente Zubizuri. Nocturna • Zubizuri zubia. Gauez
Le pont Zubizuri. Vue nocturne • Zubizuri Bridge. Night view

Tertanga, Orduña • TERTANGA. URDUÑA
Tertanga. Orduña • Tertanga. Orduña

Untzillatx nevado • UNTZILLATX ELURTUA
L'Untzillatx enneigé • Untzillatx covered in snow

Saltando al agua. Ondarroa • Uretara jauzi egiten. Ondarroa
Plongeons. Ondarroa • Jumping into the water. Ondarroa

Hornos de Mina Catalina. Sopuerta
◄ MINA CATALINAKO LABEAK. SOPUERTA
Les fours de la mine Catalina. Sopuerta
The furnaces at Catalina Mine. Sopuerta

Paisaje nevado de Karrantza
KARRANTZAKO PAISAIA ELURTUA ▲
Paysage enneigé de Karrantza
Karrantza landscape covered in snow

Alrededores de Arteaga • ARTEAGA INGURUAK
Les alentours d'Arteaga • The area surrounding Arteaga

Puerto de Bilbao • BILBOKO PORTUA
Le port de Bilbao • The port of Bilbao

Muelle de Zorrozaurre • ZORROZAURREKO KAIA
Le quai de Zorrozaurre • Zorrozaurre wharf

Brumas en Matxitxako. Gaztelugatxe y Aketx
▲ LANBROA MATXITXAKON. GAZTELUGATXE ETA AKETX
Brumes sur le cap Matxitxako. Gaztelugatxe et Aketx
Mist at Matxitxako. Gaztelugatxe and Aketx

Torre de Muntxaraz. Abadiño • MUNTXARAZ DORREA. ABADIÑO
La Tour de Muntxaraz. Abadiño • Muntxaraz Tower. Abadiño

Río Lea • LEA IBAIA
La rivière Lea • Lea River

Udalatx nevado • UDALATX ELURTUA
L'Udalatx enneigé • Udalatx covered in snow

Ermita de Santa katalina y Ogoño
SANTA KATALINA BASELIZA ETA OGOÑO ▶
La chapelle de Santa Catalina et Ogoño
Catalina Chapel and Ogoño

Isla de Kaiarria. Ea • KAIARRIA IRLA. EA
L'île de Kaiarria. Ea • Kaiarria Island. Ea

Captura de anchoa "al cerco" • **Antxoaren inguraketa-arrantza**

Pêche de l'anchois • Catching anchovies

Pueblo de Lanestosa • Lanestosa herria
Le village de Lanestosa • Lanestosa village

Rio Cadagua • KADAGUA IBAIA
Le fleuve Cadagua • Cadagua River

Vista aerea de Fruiz
FRUIZKO AIRETIKO IKUSPEGIA ▶
Vue aérienne de Fruiz
Aerial view of Fruiz

Torre Malpica. Zamudio • MALPIKA DORREA. ZAMUDIO
La Tour Malpica. Zamudio • Malpica Tower. Zamudio

Caseríos de Indusi en paisaje nevado. Dima • INDUSIKO BASERRIAK, PAISAIA ELURTUAN. DIMA
Fermes à Insusi dans un paysage enneigé. Dima • Snowy landscape of farmhouses in Insusi. Dima

Colegiata Ziortza • ZIORTZAKO KOLEGIO-ELIZA
La collégiale de Ziortza • Ziortza Collegiate Church

Cascada de Aldabide • ALDABIDEKO UR-JAUZIA
Cascade d'Aldabide • Aldabide waterfall

Isla de Aketx • ÀKETX IRLA
L'île d'Aketx • Aketx Island

Playa de La Arena. Muskiz • LA ARENA HONDARTZA. MUSKIZ
La plage de La Arena. Muskiz • La Arena beach. Muskiz

Ensenada de Errotatxu. Gorliz • ERROTATXUKO SENADIA. GORLIZ
La crique d'Errotatxu. Gorliz • Errotatxu inlet. Gorliz

Dunas de Mundaka. Urdaibai • MUNDAKAKO HAREMUNAK. URDAIBAI
Les dunes de Mundaka. Urdaibai • Mundaka dunes. Urdaibai

Escultura de Henry Moore. Gernika • HENRY MOOREREN ESKULTURA. GERNIKA
Sculpture d'Henry Moore. Gernika • A sculpture by Henry Moore. Gernika

Escultura de Chillida. Gernika • CHILLIDAREN ESKULTURA. GERNIKA
Sculpture d'Chillida. Gernika • A sculpture by Chillida. Gernika

Muelle de Arriluze. Getxo • ARRILUZEKO KAIA. GETXO
Le quai d'Arriluze. Getxo • Arriluze wharf. Getxo

Puente sobre el río Butrón. Plentzia • Butroi itsasadarraren gaineko zubia. Plentzia
Un pont sur le fleuve Butroi. Plentzia • The bridge over Butroi River. Plentzia

Barrio de Axpe. Busturia • Axpe auzoa. Busturia
Le quartier d'Axpe. Busturia • The Axpe neighbourhood. Busturia

Roquedos del Alluitz • ALLUITZ MENDIKO HARKAITZAK
Les rochers de l'Alluitz • The Alluitz rocks

Pueblo de La Arboleda • ZUGAZTIETA HERRIA
Le village de La Arboleda • La Arboleda village

Necrópolis de Argiñeta • ARGIÑETAKO NEKROPOLIA
La nécropole d'Argiñeta • Argiñeta cementery

Arboles en Gorbeia • GORBEIAKO ZUHAITZAK
Des arbres sur le Mont Gorbeia • Trees in Gorbeia

Otxandio nevado • Otxandio elurtua
Otxandio sous la neige • Otxandio covered in snow

Guggenheim y fuegos • GUGGENHEIM ETA SUAK
Le Guggenheim et les feux d'artifice • Guggenheim and fireworks

Ermita de S. Roque y San Sebastián. Monte Kolitza • SAN ROKE ETA SAN SEBASTIAN BASELIZA. KOLITZA MENDIA
Chapelle de San Roke et San Sebastián. Le mont Kolitza • San Roke and San Sebastian Chapel. Mount Kolitza

Caseríos de Urdaibai • Urdaibaiko baserriak
Fermes d'Urdaibai • Urdaibai farmhouses

Playa de Arrigunaga y acantilado de Aixerrota. Getxo • ARRIGUNAGA HONDARTZA ETA AIXERROTA LABARRA. GETXO
La plage d'Arrigunaga et la falaise d'Aixerrota. Getxo • Arrigunaga beach and the Aixerrota cliffs. Getxo

Embalse Undurraga. Zeanuri • UNDURRAGA URTEGIA. ZEANURI
Le barrage d'Undurraga. Zeanuri • Undurraga Reservoir. Zeanuri

Castillo de Butrón • BUTROEKO GAZTELUA
Le château de Butroi • Butron Castle

Faro de Arriluze y puerto. Santurtzi • Arriluzeko itsasargia eta portua. Santurtzi
Le phare d'Arriluze et le port. Santurtzi • The lighthouse and port of Arriluze. Santurtzi

Remeros en el río Nervión • Arraunlariak Nerbioi ibaian
Des rameurs sur le Nervión • Rowers on Nerbioi River

Playa de La Arena. Muskiz • LA ARENA HONDARTZA. MUSKIZ
La plage de La Arena. Muskiz • La Arena Beach. Muskiz

Marismas de Urdaibai • Urdaibaiko padurak
Les marais d'Urdaibai • Urdaibai marshlands

Monte Axtxiki • AXTXIKI MENDIA
Le Mont Axtxiki • Mount Axtxiki

Atardecer • ILUNTZEA
Crépuscule • Sunset

Paisaje nevado en Karrantza • Karrantzako paisaia elurtua
Paysage enneigé de Karrantza• Karrantza Landscape covered in snow

Municipio de Gerrikaitz • GERRIKAITZ UDALERRIA
La commune de Gerrikaitz • Gerrikaitz municipal district

Invernaderos en Arrazola y cresterío del Anboto • ARRAZOLAKO BEROTEGIAK ETA ANBOTOKO GAILURRA
Des serres à Arrazola et crêtes de l'Anboto • Greenhouses at Arrazola and the crests of the Anboto

Panorámica de Sopuerta
▲ SOPUERTAKO PANORAMIKA
Vue panoramique sur Sopuerta
A panoramic view of Sopuerta

Costa de Mundaka • MUNDAKAKO ITSASALDEA
La côte de Mundaka • Coast of Mundaka

Pesca de anchoa en el Golfo de Bizkaia • Aɴᴛxᴏᴀ-ᴀʀʀᴀɴᴛᴢᴀ Bɪᴢᴋᴀɪᴋᴏ Gᴏʟᴋᴏᴀɴ
Pêche aux anchois dans le Golfe de Biscaye • Fishing anchovies in the Golf of Biscay

Karrantza nevado • KARRANTZA ELURTUA
Karrantza enneigé • Karrantza covered in snow

Playa de Ereaga nevado. Getxo • Ereaga hondartza elurtua. Getxo
La plage d'Ereaga enneigée. Getxo • Ereaga Beach covered with snow. Getxo

Municipio de Otxandio
▲ OTXANDIO UDALERRIA
La commune d'Otxandio
Otxandio municipal district

Barcos pesqueros en Ondarroa • ARRANTZA-ONTZIAK ONDARROAN
Bateaux de pêcheurs à Ondarroa • Fishing boasts in Ondarroa

Caseríos en Ea • EAKO BASERRIAK
Fermes à Ea • Farmhouses in Ea

Palacio de Zubieta. Lekeitio • Zubieta Jauregia. Lekeitio
Le Palais de Zubieta. Lekeitio • Zubieta Palace. Lekeitio

Playa de Laida. Reserva Natural de Urdaibai • LAIDAKO HONDARTZA. URDAIBAIKO ERRESERBA
La plage de Laida. La Réserve d'Urdaibai • Laida beach. Urdaibai Nature Reserve

Iglesia de Sta. Maria. Sestao • Andra Mari eliza. Sestao
L'église de Santa Maria. Sestao • Saint Mary Church. Sestao

Castillo de Muñatones. Muskiz • MUÑATONES GAZTELUA. MUSKIZ
Le Château de Muñatones. Muskiz • Muñatones Castle. Muskiz

Valle de Atxondo • ATXONDO BAILARA
La vallée d'Atxondo • Atxondo Valley

Caseríos y cima de Alluitz • Baserriak eta Alluitzeko tontorra
Fermes et sommet de l'Alluitz • Alluitz summit and farmhouses

Faro y cabo de santa Catalina. Lekeitio • ITSASARGIA ETA SANTA KATALINA LURMUTURRA. LEKEITIO
Le phare et le cap de Santa Catalina. Lekeitio • Cape Santa Catalina and its lighthouse. Lekeitio

Puerto de Lekeitio • LEKEITIOKO PORTUA
Le port de Lekeitio • Lekeitio port

Anboto desde el puerto Elgeta
◂ ANBOTO, ELGETA MENDATETIK
L'Anboto depuis le col d'Elgeta
Anboto, viewed from Elgeta Pass

Balcón de Bizkaia • BIZKAIKO BALKOIA
Le Balcón de Bizkaia • Balcón de Bizkaia observation point

Arbol de Gernika • GERNIKAKO ARBOLA
L'arbre de Gernika • The Tree of Gernika

Artzentales nevado • ARTZENTALES ELURTUA
Artzentales enneigé • Artzentales covered in snow

Altube nevado • **ALTUBE ELURTUA**
Altube enneigé • Altube covered in snow

Isla Billano. Gorliz • BILLANO IRLA GORLIZ
L'île Billano. Gorliz • Billano Island. Gorliz